Ulrike Strätling

Opa macht das schon

www.JoyEdition.de

Ulrike Strätling

Opa macht das schon …

Für Seniorenrunden …

Geschichten zum Vorlesen

Geschichten zum Ergänzen

Rätsel und Liedertexte

Impressum

Autorin
Ulrike Strätling

Verlag
Joy Edition – Buchverlag, E-Books and more ...
D-71296 Heimsheim, www.joyedition.de

Druck
Printsystem GmbH
D-71296 Heimsheim, www.printsystem.de

Buchgestaltung
Grafik- und Designstudio
der Printsystem GmbH

Quellen:
Seite 82 – 85 www.raetselstunde.de, Erik Krämer

1. Auflage, Mai 2018

Der Umwelt zuliebe gedruckt
auf umweltfreundlichem, chlor- und säurefrei
gebleichtem Papier.

ISBN 978-3-945833-88-9

Inhalt

Der Sonnenstich

Es war Anfang August. Die Sonne schien heiß vom strahlend blauen Himmel. Alle Leute schwitzten und stöhnten. Die Erde war trocken und staubig. In den Gärten musste viel gegossen werden.

Auch der Garten von Freddy und Ruth Schönfeld war ausgetrocknet. Und damit das Gemüse wachsen konnte und etwas wurde und die Blumen nicht verdursteten, schleppte Freddy schon am Vormittag einige volle Gießkannen durch den Garten. Besorgt sah ihm seine Frau Ruth dabei zu. Freddy war nicht mehr der Jüngste, und die Sonne brannte heiß. Deshalb rief sie: „Freddy, es ist besser, wenn du deinen Hut aufsetzt. Nicht dass du nachher einen Sonnenstich hast!"

„Brauche ich nicht", entgegnete Freddy. Gegen Mittag, als die Sonne am höchsten stand, zupfte er das Unkraut aus den Beeten. Freddys Kopfhaut leuchtete schon ziemlich rot. Schweißperlen standen ihm auf dem Kopf, auf der Stirn und auf der Oberlippe. Sie glitzerten in der Sonne. Seine Frau war sehr besorgt. Sie schlug Freddy vor, etwas Wasser zu trinken.

Außerdem empfahl sie ihm, sich etwas im Schatten auszuruhen. Die Mittagssonne war gefährlich, leicht konnte man sich einen Sonnenbrand holen.

Doch Freddy winkte ab und meinte: „Brauche ich nicht!" Unbeirrt machte er weiter. Am Nachmittag holte er den Rasenmäher hervor und mähte den Rasen. Immer noch ohne Sonnenhut und ohne etwas getrunken zu haben. Inzwischen war auch sein ganzes Gesicht feuerrot.

„Freddy", rief seine Frau, „setze endlich einen Hut auf. Das geht nicht gut!"

„Brauche ich nicht", maulte Freddy. Er war stur wie ein Esel.

„Setze dich in den Schatten, bitte", versuchte seine Frau Ruth es noch einmal.

„Brauche ich nicht!" Freddy mähte den Rasen zu ende. Dann holte er sich einen Pinsel und einen Farbtopf aus dem Schuppen. Ein alter Holzliegestuhl musste dringend gestrichen werden. Inzwischen war es siebzehn Uhr am Nachmittag. Immer noch schien die Sonne von einem wolkenlosen Himmel. Freddys Schweiß tropfte in den Farbtopf. Plitsch, platsch. Und dann passierte es. Freddy fiel um. Klatsch, lag er auf dem Rasen. Alle Viere von sich gestreckt. Ihm war übel, er hatte Kopfschmerzen und seine Kopfhaut brannte wie Feuer. Freddy hatte einen Sonnenstich.

„Ich rufe den Arzt", sagte seine Frau.

„Brauche ich nicht“, kam es schwach über seine Lippen.

„Jetzt ist Schluss mit ‚Brauche ich nicht‘. Du hast einen Sonnenbrand und einen Sonnenstich“, sagte Ruth energisch. Freddy schleppte sich in den Schatten. Und genau diesen kühlen Schatten bekam er wenig später vom Arzt verordnet. Vorerst keine Sonne, nur Schatten und viel trinken. Das hätte sich Freddy ersparen können, wenn er von vornherein einen Hut aufgesetzt hätte und viel Wasser getrunken hätte. Ja, aus Schaden wird man klug. In Zukunft wollte Freddy auf seine Frau hören. Aber das sagte er ihr natürlich nicht.

Der schöne Mann

Ein schöner Mann lebte einmal in einem Haus auf der Bahnhofstraße Nummer sieben. Der Mann war groß und stattlich, und alle Frauen schauten ihn gerne an. Der schöne Mann lebte alleine. Er war sozusagen ein sehr begehrter Junggeselle.

Eines Tages beschloss der schöne Mann, in den Urlaub zu fahren. Er wollte zum Wandern in die Berge. Viel wandern und ausspannen wollte er. Doch wer sollte in dieser Zeit seine Topfpflanzen gießen? Sie würden ohne Wasser jämmerlich eingehen. So beschloss der schöne Mann, seine Nachbarin zu fragen. Und die war hoch erfreut. Schon seit längerer Zeit hatte sie ein Auge auf den schönen Mann geworfen. Und nun bekam sie die Gelegenheit, mal zu sehen, wie er so wohnte.

Der schöne Mann reiste ab. Die Nachbarin hatte einen Schlüssel für die Wohnung bekommen. Gleich am nächsten Morgen betrat sie voll Neugierde die Wohnung des schönen Mannes. Oh und ah, wie schön er eingerichtet war. Sie sah einmal in alle Zimmer hinein. Den Topfpflanzen schenkte sie keinen einzigen

Blick. Am nächsten Tag war es genauso. Und am übernächsten Tag auch. Am vierten Tag schaute sie sogar in die Schränke. Oh, oh. Ob sich das wohl gehört? Wohl eher nicht! Am fünften Tag sah sie sich alle Fotos an. Aber an die Topfpflanzen dachte sie immer noch nicht.

Nach zehn Tagen fielen ihr die Pflanzen wieder ein. Doch oh Schreck, sie waren alle vertrocknet. Die Blätter hingen schlaff und verwelkt am Stängel herab. Da bekam sie einen großen Schreck. Schnell goss sie alle Topfpflanzen. Doch es war zu spät.

Am elften Tag stand der schöne Mann vor der Tür. Sein schönes Gesicht sah sehr traurig aus. In der rechten Hand hielt er einen Blumentopf mit einer verwelkten Pflanze. Traurig sagte er: „Sie sind alle verdurstet. Das nächste Mal frage ich jemanden anderes, jemanden, auf den man sich verlassen kann."

Die Nachbarin starrte den schönen Mann mit offenem Mund an. Da ging er, und sie hatte das Nachsehen. Das hatte sie nun von ihrer ganzen Neugier. Ja, was zu viel ist, ist zu viel. Und sie war zu neugierig gewesen. Nie wieder wollte sie so neugierig sein.

Wenn die Oma mit dem Enkel einmal ausgeht

Thomas war schon erwachsen. Er ging zur Uni und studierte. Doch wann immer er Zeit hatte, besuchte er seine Oma Else. Die beiden gingen dann schick aus, in das Café am Marktplatz. Dort gab es den besten Kuchen. So wie am letzten Samstagnachmittag um fünfzehn Uhr.

Die beiden hatten sich einen netten Platz ausgesucht und Oma Else sagte: „Setz dich schon mal, Thomas. Ich schaue mal nach, was es heute an Kuchen gibt."

Thomas setzte sich und wartete. Kurz danach kam Oma Else freudig zurück und meinte: „Heute gibt es hausgemachte Buttercremetorte. Ich habe zwei Stücke für uns bestellt. Natürlich mit Kaffee und den mit Sahne."

Enkel Thomas rief entsetzt: „Aber Oma, das ist doch alles viel zu fett!"

„Papperlapapp, du musst gut essen. Du bist viel zu dünn. Sicherlich isst du viel zu wenig", sagte Oma Else und nahm neben Thomas Platz. Es kamen zwei große Stücke Torte. Man konnte kaum ein ganzes Stück schaffen. Doch Oma Else bestellte, als die Teller leer waren, für ihren Enkel noch ein Stück Schwarzwälder Kirschtorte.

Zu Thomas sagte sie: „Wer weiß, wann du wieder etwas zu essen bekommst. Iss dich heute mal richtig satt.“ So stopfte Thomas noch die Schwarzwälder Kirschtorte in sich hinein. Danach musste er rülpsen.

„Oma, ich kann nicht mehr“, stöhnte er und fasste sich an den gut gefüllten Bauch.

„Papperlapapp“, sagte Oma Else und bestellte noch ein Stück Apfelkuchen für den Thomas. Natürlich mit Sahne. Thomas stopfte auch noch den Apfelkuchen in sich hinein. Dann rülpste er erneut. Noch lauter als vorher.

„Oma, mir wird schlecht“, rief er. Die Schweißperlen standen ihm auf der Stirn. Dann rannte er zur Toilette. Oma Else war sehr erschrocken. War etwa der Apfelkuchen nicht ganz frisch gewesen? Sofort lief sie zur Bedienung und fragte nach. Sie schimpfte ein bisschen und drohte damit, das Café, zu verklagen, wenn ihr Enkel krank würde. Und der kam gerade zurück von der Toilette.

„Oma, Oma, der Kuchen war nicht schlecht. Ich habe nur zu viel gegessen. Mir geht es schon viel besser!“, rief er. Da erschrak Oma Else. Oh, Gott wie peinlich! Sie entschuldigte sich bei der Bedienung.

Dann fasste sie ihren Enkel am Arm, zog ihn ein Stück weiter und flüsterte: „Nur schnell weg von hier.“ Sie schämte sich ein wenig, weil sie so geschimpft hatte. Oma Else nahm sich vor, nie wieder so vorschnell zu reagieren. Erst denken, dann reden.

Wenn Struppi krank ist

Wer geht schon gerne zum Arzt? Eigentlich niemand. Blutentnahme, Lunge abhören, Urin abgeben, Bauch abtasten. Am Ende weiß man nie, was dabei herauskommt. Aber nicht nur den Menschen ist so ein Arztbesuch unangenehm, den Tieren geht es nicht anders. Ob Bello, Struppi oder Mietzi, ob Hund oder Katze, alle mögen den Tierarzt nicht besonders gut leiden.

Letzte Woche musste Herr Kloppmeier mit seinem Hund Struppi zum Tierarzt. Struppi hatte schon seit drei Tagen kein Häufchen gemacht. Herr Kloppmeier vermutete eine schlimme Verstopfung. Struppi wollte auch nicht mehr fressen, was ja eigentlich verständlich ist. Sicherlich hatte Struppi arge Bauchschmerzen. Deshalb nahm Herr Kloppmeier seinen kleinen Struppi auf den Arm und ging mit ihm zum Tierarzt. Er meldete Struppi an und setzte sich dann mit ihm in das Wartezimmer. Es waren schon ganz viele andere tierische Patienten da. Einige Hunde, eine schwarze Katze und ein Papagei.

Der rief die ganze Zeit: „Guten Morgen."

Im Wartezimmer wurde Struppi immer unruhiger. Offenbar hatte er gerade einige schmerzhafte Erinnerungen an den letzten Tierarztbesuch. Deshalb ging Herr Kloppmeier rasch mit seinem Struppi nach draußen. Er setzte ihn auf die Wiese und wollte einige Schritte laufen. Da geschah das Wunder. Struppi hockte sich nieder und machte einen großen Haufen. Danach ging es ihm sofort besser. Im Nu war Struppi wieder fit.

Herr Kloppmeier war erleichtert. Der Hund war wieder gesund und die Tierarztkosten hatte er auch gespart. Was so ein Aufenthalt im Wartezimmer doch alles bewirken kann. Es war sozusagen eine schnelle Warteraum-Wunderheilung.

Herr Schlappmann geht einkaufen

In einem kleinen Reihenhaus am Rande der Stadt lebten Herr und Frau Schlappmann. Seit drei Wochen war Herr Schlappmann Rentner. Und seit drei Wochen litt er unter Langeweile. Er wusste rein gar nichts mit seiner freien Zeit anzufangen. Ständig stand er seiner Frau im Weg herum. Er nörgelte und meckerte den lieben langen Tag über alles. Kurzum, er war unzufrieden und ziemlich übel gelaunt.

Da beschloss Frau Schlappmann, ihren Mann zum Einkaufen zu schicken. Sie gab ihm eine Einkaufsliste, eine Stofftasche und Geld. Herr Schlappmann war nicht gerade begeistert, ging aber los. Einige Dinge im Supermarkt und frische Eier vom Markt zu besorgen, sollte ja wohl nicht so schwer sein.

Herr Schlappmann betrat den Supermarkt, nahm sich einen Einkaufskorb und las den Einkaufszettel. Quark mit zwanzig Prozent Fett, Leerdamer Käse in Scheiben, Waschpulver Marke Persil, Kartoffelchips mit Paprikageschmack und eine Flasche lieblichen Rotwein. Zwanzig frische Eier vom Markt.

„Aha, so, so, das wird ja schnell erledigt sein", murmelte Herr Schlappmann. Also, wo es die leckeren Grillwürstchen gab, das wusste er. Aber wo gab es den Quark? Ah, da in der Kühltheke. Er schnappte sich eine Packung, ohne darauf zu sehen und legte sie in den Einkaufskorb. Dann machte er sich auf die Suche nach dem Leerdamer Käse. Verflixt, wo war der nun wieder zu finden? Zehn Minuten später hatte er den Käse gefunden und legte eine Packung davon in den Einkaufskorb. Jetzt das Waschpulver. Persil. Mh, mh. Wo könnte das sein? Gibt es denn hier keine Verkäuferinnen? Herr Schlappmann rannte durch die Gänge, er lief kreuz und quer umher, fand aber kein Persil. Dafür sah er den Rotwein. Er schnappte sich eine Flasche und legte sie in den Einkaufskorb. Dann sah er die Kartoffelchips und ließ eine Tüte davon in den Korb gleiten.

Als Herr Schlappmann endlich an der Kasse stand, war er schlapp und völlig fertig. Nun spurtete er zum Markt. Er brauchte eine Weile, bis er den Eierstand gefunden hatte. Es war inzwischen Mittag, und die Eier waren leider ausverkauft.

Völlig erledigt kam er zu Hause an. Er legte die eingekauften Teile auf den Küchentisch. „Wo ist das Waschpulver?", fragte Frau Schlappmann.

„Habe ich nicht gefunden."

„Der Quark hat vierzig Prozent Fett, ich wollte

Quark mit zwanzig Prozent Fett. Der Rotwein ist herb und nicht lieblich. Die Kartoffelchips sind nicht mit Paprika gewürzt", schimpfte Frau Schlappmann.

Herr Schlappmann kratzte sich am Kinn und meinte: „Ich bin hier nicht der Chefeinkäufer und ich werde auch keiner mehr. Am besten, wir gehen in Zukunft zusammen einkaufen. Du weißt, wo all die Sachen liegen und ich trage sie heim."

Das war ein toller Vorschlag und er gefiel Frau Schlappmann ausgezeichnet.

Das Schaf

(Reimgeschichte zum Ergänzen)

Auf einer Wiese stand ein Schaf,
es war so lieb und auch so ... *(brav).*
Da kam ein großer Regen, plitsche, platsch,
der machte das Schaf ganz ... *(nass).*
Seine Wolle war nun nass und schwer,
das ärgerte das Schaf doch ... *(sehr).*
Plötzlich blies ein Wind um die Ecken,
er wollte das brave Schaf ... *(necken).*
Doch das Schaf war schlau und nicht dumm,
es stellte sich im Wind anders he ... *(rum).*
Da blies der Wind das Schaf ganz trocken,
und plötzlich hatte es wieder schöne ... *(Locken).*

Der Erfinder

Ich hatte mal einen Nachbarn, der war Erfinder. Immerzu wollte er neue Sachen erfinden. Er war ganz besessen davon. Den lieben langen Tag tat er nichts anderes, als basteln und werkeln. Mal hatte er eine Eierpellmaschine erfunden. An einem anderen Tag erfand er eine Strumpfanziehmaschine. Und einmal, an einem Sonntag, zeigte er mir stolz seine Fußbodenwischmaschine. Die gefiel mir besonders gut.

Mein Nachbar hieß Johann Nolte. Wir duzten uns.

Johann meinte zu mir: „Jetzt muss ich nur noch einen gescheiten Klebstoff erfinden. Einen, der ganz schnell klebt und ewig hält."

Dann verschwand er, und ich sah ihn eine ganze Woche lang nicht mehr.

Johann war in seiner Bastelwerkstatt und schrieb sich einen Plan. Als er sich sicher war, dass er alle Zutaten für einen guten Klebstoff aufgeschrieben hatte, sammelte er sich alles zusammen. Er benötigte alle möglichen klebrigen Dinge und einen großen Kochtopf. Dann machte er sich an die Arbeit. In den großen Kochtopf füllte er Karamellbonbons, Eiweiß,

Himbeersaft, Honig und Kartoffelpüree. Außerdem kamen noch Marmelade, ein wenig Zuckerguss und Kaugummi dazu. Dann mischte er die Zutaten gut durch. Das alles ließ er drei Stunden kochen. Alle fünfzehn Minuten rührte er gut um. Dann war es Zeit, den Klebstoff auszuprobieren. Johann tauchte seinen Zeigefinger in den Topf. Und als er den Finger wieder herauszog, hing ein dicker Klebstofffaden daran.

„Oh, das ist sehr gut!", staunte Johann.

Doch der Klebstoff löste sich nun nicht mehr von seinem Zeigefinger. Mit der anderen Hand versuchte er, ihn abzustreifen. Doch jetzt hatte er schon zwei Klebstofffäden. Sie wurden immer länger und länger, je mehr er sich bewegte.

„Toll!", rief er begeistert. Er drehte sich vor Freude, und die Fäden wickelten sich dabei um seinen Bauch. Dann um die Beine und die Füße. Oje! Johann kam alleine nicht mehr aus seinem Klebstofffadengewirr heraus. Der Klebstoff saß super, duper fest.

Ja, und dann kam mein Nachbar in seiner Not zu mir. Ich musste erst mal lachen, weil er aussah wie eine Raupe, die sich eingesponnen hatte.

Ich sagte: „Das ist ja mal ein Superklebstoff."

Als die Klebefäden getrocknet waren, konnte ich sie zerschneiden. Ich befreite Johann aus seinen unfreiwilligen Fesseln. Doch Johann war kuriert und hatte genug von seinem Klebstoff. In Zukunft wollte er lieber wieder Uhu, den Alleskleber oder Pattex, den Kraftkleber benutzen. Tja, es ist eben noch kein Meister vom Himmel gefallen.

Wenn der Schuh drückt

Frühlingsduft lag in der Luft. Die Sonne wärmte die nach Blüten duftende Luft. Helga war guter Laune und prüfte ihre Frühjahrsgarderobe. Hier ein neues Halstuch, da ein neuer Gürtel und dort ein paar neue Schuhe, dann konnte man alles noch prima anziehen. Genau, neue Schuhe mussten her. Und weil das Wetter zu schön war, um im Haus zu bleiben, marschierte Helga gleich los. Ihr Weg führte sie zum Schuhgeschäft. Es sollte ein hübscher Schuh sein, gerne in rot und mit einem kleinen Absatz. In freudiger Erwartung betrat Helga das Geschäft. Sie schaute sich um. Oh, ah! So viele schöne Schuhe. In allen Farben. Wildlederschuhe, Glattlederschuhe, Glanzlederschuhe. Mit oder ohne Absätze. Herrlich.

Helga griff sich einen roten Wildlederschuh, mit einem kleinen Absatz. Der würde genau zu ihrem Kostüm passen. Eine Verkäuferin kam herbei und fragte, ob sie helfen könne. Helga sagte: „Ich möchte gerne diesen Schuh anprobieren."

„Stimmt denn die Größe?", fragte die Verkäuferin. Helga sah nach. Unter dem Schuh war die Größe achtunddreißig angegeben. Eigentlich brauchte Helga neununddreißig. Aber es war ja noch früh am Tag, da waren die Füße noch nicht angeschwollen. Helga setzte sich auf einen Hocker und probierte den rechten Schuh an. Die Verkäuferin fühlte und meinte: „Er könnte eine Nummer größer sein. Aber wir haben diesen Schuh leider nicht mehr da."

„Ach", meinte Helga und lief einige Schritte mit dem hübschen roten Schuh.

„Er passt", sagte sie. Dass ihre Zehen eingequetscht wurden, sagte sie nicht.

„Ich nehme diese Schuhe und ich lasse sie gleich an."

Helga wollte die neuen Schuhe gleich einlaufen, damit sie sich gleich ein wenig weiteten.

Sie machte sich auf den Heimweg. Zuerst ging es ja noch, aber dann ... Meter für Meter schmerzten die Zehen immer mehr. Helga biss die Zähne zusammen. Wer schön sein will, muss leiden. So war das immer schon. Zu Hause angekommen, konnte sie kaum noch laufen. Schnell zog sie die neuen Schuhe aus. Ihre Zehen sahen gequetscht aus, sie waren ganz rot und hatten Blasen bekommen. Oje!

Helgas Mann meinte: „Wenn der Schuh drückt, dann muss man hineinpinkeln."

Doch das wollte Helga nicht und die Hoffnung wollte sie auch nicht aufgeben. Gleich am nächsten

Tag würde sie zum Schuster gehen und ihre neuen Schuhe weiten lassen. Auf keinen Fall wollte sie auf diese schicken Schuhe verzichten. Schließlich sagt man nicht umsonst: ‚Kleider machen Leute'.

Rätsel

Welcher Schuh hat keine Sohle?

(der Handschuh)

Der neue Regenschirm

Anna hatte zum Geburtstag einen neuen Regenschirm bekommen. Keinen gewöhnlichen Regenschirm. Nein, einen vollautomatischen Regenschirm. Er öffnete sich auf Knopfdruck. Es war also ein ganz moderner automatischer Regenschirm, in dunkelblau mit bunten Blümchen. Anna freute sich sehr darüber. Immer wenn ihr danach war, drückte sie auf den roten Knopf und zack, sprang der Schirm mit Schwung auf. Anna hatte ihren Spaß damit. Nun musste es nur noch regnen.

An einem Mittwochnachmittag war es endlich so weit. Es regnete. Die Natur freute sich über den Regen, und Anna freute sich auch. Endlich konnte sie ihren automatischen Regenschirm ausprobieren. Sofort lief sie hinaus auf die Straße und drückte auf das rote Knöpfchen. Zack, sprang der Schirm auf.

„Toll, das ist toll!“, rief Anna begeistert. Doch neben ihr war jemand nicht so begeistert.

Ein Mann schimpfte und zeterte: „Mein Hut, mein Regenhut. Sie haben mit Ihrem Schirm meinen Hut vom Kopf gerissen.“

„Oh, das tut mir leid. Der Schirm ist neu. Er ist vollautomatisch, müssen Sie wissen“, erklärte Anna. Der Herr hob seinen Hut auf und lief kopfschüttelnd weiter.

Dann lief Anna zum Bäcker, um ein Graubrot zu kaufen. Anschließend trat sie wieder auf die Straße und drückte das rote Knöpfchen. Zack, sprang der Schirm mit Schwung auf. Man brauchte nur noch eine Hand, um den Schirm zu öffnen. Wie praktisch das doch war, freute sich Anna.

Doch eine Frau neben ihr fand das wohl nicht so praktisch. Sie schrie kurz auf, als der Regenschirm sich geöffnet hatte. Anna sah mit Schrecken, dass der Schirm sich unter dem Sommerpulli der Frau verfangen hatte. Beim Aufklappen hatte der Schirm den ganzen Pulli hoch gehoben. Jetzt sah man die Unterwäsche der Frau. Die entblößte Frau schrie wie am Spieß.

„Ach du Schreck, Entschuldigung!“, rief Anna und fummelte die spitzen Enden des Schirmes aus dem Pulli. In dem Moment hörte es auf zu regnen und Anna kam ohne weitere Zwischenfälle wieder zu Hause an. Bevor sie den Schirm noch einmal benützen würde, wollte sie noch ein wenig das Öffnen üben.

Sie meinte: „Übung macht den Meister, dann klappt das auch mit dem Schirm.“

Der fliegende Hut

Neulich ist Frau Schimmel etwas Sonderbares passiert. Sie war gerade auf dem Heimweg, als ein stürmischer Wind aufkam. Der Wind pfiff um die Ecken, und eine starke Windböe riss Frau Schimmel den Hut vom Kopf. Hui, da flog der Hut davon! Der Wind wehte ihn durch die Luft und dann landete er auf der Straße. Dort rollte er wie ein Rad weiter. Der Wind blies, und der Hut rollte und rollte. Frau Schimmel rannte ihrem Hut hinterher. Doch der Hut rollte so schnell, dass sie kaum hinterher kam. Er rollte sogar durch eine Pfütze. Oje! Dann hob der Wind den Hut wieder empor und blies ihn auf einen Zaun. Dort blieb er hängen. Jetzt habe ich ihn gleich, dachte Frau Schimmel.

Da kam eine Katze herbei gesprungen. Sie wollte mit dem Hut spielen und schnappte nach ihm. Da fiel der Hut auf den Kopf der Katze. Jetzt konnte sie nichts mehr sehen. Vor Schreck drehte sich im Kreis, immer herum und herum. Frau Schimmel war nur noch einige Meter entfernt, dann wollte sie sich ihren Hut schnappen. Da kam von rechts ein Hund angelaufen.

„Wau, wau“, kläffte er. Er sprang auf die Katze zu und schnappte sich den Hut von ihrem Kopf.

„Oje, oje, nein, oh nein!“, rief Frau Schimmel. Da kam der Hund auf Frau Schimmel zu. Den Hut in der Schnauze, setzte er sich vor Frau Schimmel. Und die staunte nicht schlecht, als sie sich den Hut nehmen konnte. „Guter Hund, braver Hund!“, lobte sie und setzte sich den Hut wieder auf. Mit einer Hand hielt sie ihn nun fest, nicht dass er noch einmal fortflog. Sicher ist sicher.

Der Hut war ein wenig schmutzig geworden, aber dafür gab es ja Wasser und Seife.

Ende gut, alles gut.

Wenn ein Frosch eine Fliege fangen will

Es gibt Frösche, die sind grün. So grün wie das Gras einer Wiese. Frösche leben gerne am Wasser und fressen Fliegen, wenn sie hungrig sind. Sie fangen die Fliegen mit ihrer langen Zunge. Und je dicker eine Fliege ist, umso besser schmeckt sie dem Frosch.

Einmal lebte so ein grüner Frosch an einem kleinen Teich im Wald. In dem kleinen Teich schwammen viele kleine Fische. Doch die mochte der Frosch nicht fressen. Auf seiner Speisekarte standen dicke Fliegen. So richtige Brummer.

An einem schönen Morgen saß der grasgrüne Frosch am Ufer und wartete darauf, dass eine Fliege kam. Er brauchte nicht lange zu warten, da brummte bereits ein dicker blauer Brummer heran. Mmh, lecker, dachte sich der Frosch.

Der Brummer setzte sich auf eine gelbe Butterblume. Dort putzte er sich mit den Hinterbeinen die Flügel. Schlupp, hatte der Frosch seine lange Zunge nach der Fliege ausgestreckt. Doch die Fliege war schon wieder weitergeflogen. Jetzt saß sie auf einem Stein. Sie putzte sich mit den Vorderbeinen den Kopf. Schlapp, streckte der Frosch erneut seine lange Zunge nach ihr aus.

Vergebens, die Fliege war schon fort. Jetzt saß sie auf einem Grashalm und sonnte sich. Der Frosch hüpfte heran und schlupps, streckte er seine Zunge nach ihr aus. Doch der dicke Brummer war schneller. Jetzt saß er auf einem Seerosenblatt. Der Frosch sprang hoch und direkt auf das Seerosenblatt zu. Er riss sein Froschmaul weit auf und ließ die Zunge herausschlüpfen. Platsch, da lag er im Wasser. Im Maul hatte er nur das Seerosenblatt und ganz viel Wasser. Er spuckte und prustete. Der dicke Brummer aber brummte über seinen Kopf hinweg und lachte ihn aus. Der Frosch war ganz verdattert. So etwas war ihm noch nie passiert.

Ja, man sollte sich eben nicht immer sicher sein, dass einem alles gelingt. Oft geht auch mal was gründlich daneben, und dann klappt es eben beim nächsten Mal.

Ein kleines Wiegenlied für das Kind

(Reimgeschichte zum Ergänzen)

Vor dem Haus, da schläft der Baum,
durch die Äste zieht ein ... *(Traum)*,
auf der Wiese schläft ein Schaf,
schlaf Kindchen ... *(schlaf)*.

Ein Abendlied durch den Garten geht,
der Bauer die Wiese erst morgen ... *(mäht)*,
im Schlafe kräht ein bunter Hahn,
schlaf Kindlein ... *(schlaf)*.

Am Himmel leuchten Mond und Sterne,
das haben Mensch und Tiere ... *(gerne)*,
mein Kindlein, mach die Augen zu,
ich wünsch dir eine gute ... *(Ruh)*.

Die neue Heckenschere

Wer einmal einen Garten hatte, weiß nur zu gut, wie viel Arbeit so ein Garten mit sich bringt. Ob Frühling, Sommer, Herbst oder Winter, es gibt immer etwas zu tun. Harken und Hacken, Unkraut zupfen, Rasen mähen, umgraben, Hecke schneiden und Blumen pflegen.

Familie Schiller hatte auch einen Garten, und rund um den Garten herum gab es eine Hecke. Eines Morgens sagte Frau Schiller: „Die Hecke muss unbedingt geschnitten werden."

Damit war Herr Schiller gemeint. Der allerdings entgegnete: „Oh nein, das ist so viel Arbeit. Da bin ich wieder den ganzen Tag damit beschäftigt."

„Was sein muss, muss sein! Am besten, du fängst gleich damit an", meinte Frau Schiller. Sie hatte immer alles gerne sofort erledigt. Nur nichts lange auf die lange Bank schieben, war ihr Motto.

„Aber nicht mit der alten, rostigen Heckenschere. Nee, nee, dann habe ich es hinterher wieder im Rücken. Ich fahre jetzt zum Baumarkt und kaufe mir eine elektrische Heckenschere", sagte Herr Schiller fest entschlossen und zog sich bereits die Jacke an. Frau Schiller schüttelte mit dem Kopf. „So ein moderner Schnickschnack, das ist rausgeschmissenes Geld“, meckerte sie. Doch Herr Schiller war schon weg.

Eine Stunde später stand er mit einer nagelneuen elektrischen Heckenschere im Garten.

Frau Schiller schrie entsetzt: „Das ist doch bestimmt gefährlich. Oje, oje!“

„Wenn du nicht gerade im Weg stehst, passiert schon nix“, antwortete Herr Schiller. Dann drückte er auf den Startknopf. Sofort surrte die Heckenschneidemaschine los. Das gefiel Herrn Schiller. Er setzte die Heckenschere an der Hecke an. Ssssss ... sie schnitt mühelos durch die Äste und kürzte die Hecke schön gerade. Etwa zehn Meter dahinter stand Frau Schiller. Sie hielt sich die Ohren zu.

Dann rief sie: „Pass auf, dass du dir keinen Finger abschneidest.“

„Was?“, rief Herr Schiller und drehte sich um. Dabei sauste die Heckenschere ... Sssssss ... einmal durch den Fliederbusch. Ritsche, ratsche, war der Busch nur noch halb so hoch.

„Was machst du denn da? Der schöne Fliederbusch!“, rief Frau Schiller entsetzt.

„Was?“, rief Herr Schiller erneut und drehte sich wieder um, nur diesmal zur anderen Seite. Ssssss ...

machte die Heckenschere und sauste nun durch den Rosenstrauch. Der war nun auch halbiert.

„Oh, nein, oje!“, jammerte Frau Schiller.

„Du darfst mich auch nicht immer stören. Geh rein und koche Kaffee. Ich muss mich konzentrieren“, schimpfte Herr Schiller. Hecke schneiden und gleichzeitig mit der Frau sprechen, das war zu viel. Besser eins nach dem anderen. Alles hübsch der Reihe nach und nur nicht stören lassen.

Ein Zwiegespräch zwischen einem Hahn und einem Huhn

(Reimgeschichte zum Ergänzen)

„Guten Morgen“, sagte der Hahn zum Huhn,
„Was gedenken Sie heute zu ... *(tun)*?“
„Sie neugieriger Hahn,
das geht Sie nichts ... *(an)*.“
„Wollen wir zusammen flanieren?“
„Nein, ich kann alleine ... *(spazieren)*.“
„Sie haben wohl nicht gut geschlafen,
oder wollen sie mich ... *(strafen)*?“
„Das geht Sie nichts an,
Sie sind nicht mein ... *(Mann)*.“
„Darf ich Ihnen einen Regenwurm suchen?
oder einen netten Ausflug ... *(buchen)*?“
„Es ist ganz klar,
Sie sind ein ... *(Narr)*:“
„Oh, meine Liebe, das ist nicht nett,
Ich finde Sie doch so ... *(adrett)*.“
„Aufdringlich und eingebildet sind Sie.“
„Dann eben nicht, tschüss und ... *(Kikeriki)*.“

Rätsel

Welcher Hahn kann nicht krähen?

(der Wasserhahn)

Ein gemütlicher Fernsehsessel

Eines Abends sagte Frau Rosalinski zu ihrem Mann: „Du Fränzken, jetzt, wo wir beiden schon älter sind, möchte ich gerne einen Fernsehsessel. Einen richtig gemütlichen Fernsehsessel, für mich ganz alleine."

„Mh, mh, mh", überlegte Herr Rosalinski.

„Kaufen wir morgen einen Fernsehsessel für mich?", fragte Frau Rosalinski.

„Mh, mh, mh, na gut", antwortete ihr Mann.

Am nächsten Morgen fuhren die Rosalinskis ins Möbelhaus. Dort gab es viele schöne Fernsehsessel. Herrliche große Fernsehsessel, breite, bunt gemusterte und einfarbige. Frau Rosalinski nahm in vielen Sesseln Platz. Schließlich musste man die Bequemlichkeit prüfen. Ein Verkäufer kam dazu und sagte: „Man kann bei diesen Sesseln auch das Rückenteil nach hinten drücken, und dann geht gleichzeitig das Fußteil hoch."

„Das ist gut, das gefällt mir", staunte Frau Rosalinski und probierte es gleich aus. „Sehr bequem", rief sie begeistert. Der Verkäufer witterte ein gutes

Geschäft und schwärmte nun von einem ganz besonderen Fernsehsessel. Er zeigte auf einen dunkelblauen Sessel und sagte: „Der hier funktioniert auf Knopfdruck. Ich zeige Ihnen das mal. Nehmen Sie mal bitte ganz entspannt Platz in dem Sessel."

Frau Rosalinski tat, was der Verkäufer sagte. Dann drückte der Verkäufer auf einen Knopf an einem kleinen Schaltkasten. Sofort fuhr die Rückenlehne automatisch zurück und die Fußstütze nach oben. Das gefiel Frau Rosalinski.

„Den will ich!", sagte sie zu ihrem Mann. Gesagt, getan, gekauft. Der Sessel war nicht gerade billig. Aber er wurde bereits am nächsten Tag geliefert. Das war ein guter Service. Als er an seinem Platz stand, setzte sich Frau Rosalinski gleich hinein.

„Mein neuer Fernsehsessel ist sehr gemütlich", schwärmte sie und drückte auf das Knöpfchen an dem Schaltgerät. Die Rückenlehne senkte sich bis ganz nach hinten. Jetzt lag Frau Rosalinski im Fernsehsessel. Man konnte die Rückenlehne in jeder Position anhalten. Frau Rosalinski machte das immer und immer wieder. Stunde um Stunde verging. Sie vergaß, das Mittagessen zu kochen. Sie vergaß den Kaffee am Nachmittag. Frau Rosalinski stand nur noch auf, wenn sie Pipi musste.

„Fränzken, der neue Fernsehsessel ist soooo schön, ich will gar nicht mehr aufstehen", meinte sie.

Fränzken drückte ein Auge zu, er schimpfte nicht. Er gönnte seiner Frau das Glück. Er schmunzelte nur. Dann ging er in die Küche, um einige Brote für das Abendbrot zu schmieren. Ja, das ist wahre Liebe!

(Entspannungsgeschichte)

Ein Tag am Meer

Ich empfehle einen kleinen Stuhlkreis, mit nur wenigen Zuhörern. Sprechen Sie langsam und mit viel Betonung. Machen Sie hinter jedem Satz eine kleine Pause. Versuchen Sie, die Zuhörer zum Schließen der Augen zu animieren.

Gestern bin ich barfuß über einen Sandstrand gelaufen. Über mir flogen die Möwen. Im Sand lagen Muscheln. Vor mir lag das weite Meer. Die Wellen rauschten. Die Luft schmeckte salzig.

Ich möchte Sie nun einladen, mit mir über den Sandstrand am Meer zu laufen. Wer möchte, kann gerne die Augen schließen. Dann kann man sich alles besser vorstellen. Ich beginne jetzt…

Die Sonne scheint warm vom wolkenlosen Himmel – die Sonnenstrahlen wärmen sanft die Haut – vor uns liegt ein weißer Sandstrand – Barfuß laufen wir durch den warmen Sand – bei jedem Schritt spüren wir die kleinen Sandkörner unter den Fußsohlen – wir spüren den Sand zwischen den Zehen – der Sand ist warm und weich – es fühlt sich gut an.

Jetzt stehen wir am Meer – leichte Wellen schlagen an das Ufer – das Wasser schäumt ein wenig – die Wellen rauschen – wir hören einen Moment lang zu – wir schmecken die salzhaltige Luft auf den Lippen – dann setzen wir uns in den Sand – wir nehmen etwas Sand in die Hände – langsam lassen wir den Sand durch die Finger rieseln – kleine Sandhäufchen entstehen – wir heben eine kleine Muschel auf – hübsch sieht sie aus – die Sonne wärmt angenehm die Arme – ein leichter Wind weht durch die Haare – das Meer rauscht – es klingt beruhigend – die Wellen schäumen – die Luft schmeckt salzig – eine Möwe fliegt über uns hinweg

Dann gehen wir langsam wieder zurück – ein letzter Blick auf das Meer – dann gehen wir nach Hause.

Eine Fahrt mit der Straßenbahn

(Reimgeschichte zum Ergänzen)

Herr Möller fährt heute mal mit der Straßenbahn,
und schaut sich aus dem Fenster die Leute ... *(an).*
Ei, was sieht er da?
Eine O-... *(mama).*
Und was sieht er hier?
Einen Kasten ... *(Bier).*
Und dort laufen an der Leine,
vier kleine Hunde ... *(beine).*
Drüben sieht er die Frau Meier,
mit einem Korb voller ... *(Eier).*
Ein Kind schiebt einen Puppenwagen,
einige Leute mit einem Fahrrad ... *(fahren).*
Ein Luftballon schwebt an der Eck,
es dauert nicht lang, dann ist er ... *(weg).*
Herr Möller sieht zwei Katzen,
leise schleichen sie auf ihren ... *(Tatzen).*

Und was sieht er da?
Einen O- ... *(papa).*
Der trägt einen Blumenstrauß,
sicher für die Frau zu ... *(Haus).*
So, jetzt muss Herr Möller raus,
lieber Schaffner, lass ihn ... *(raus).*

Bunte Ostereier

Schon weit vor dem Osterfest füllen sich in jedem Jahr die Regale im Supermarkt mit bunten Ostereiern, Schokoladeneiern, Schokoladenosterhasen, Marzipaneiern, Eiern aus Zuckerwerk aller Arten und sogar mit Plüschosterhasen. In den Häusern und Wohnungen wird der Frühjahrsputz gemacht. Die Oberbetten hängen zum Lüften in den Fenstern. Ostersträuße werden aufgestellt, mit bunten Eiern daran. Frauen backten Osterlämmer. Die Kinder freuen sich auf die große Eiersuche im Garten.

Auch Oma Rosel hatte kurz vor Ostern sehr viel zu tun. Ihre Hühner hatten fleißig Eier gelegt, nun mussten diese gefärbt werden. Und wenn alle Eier hartgekocht waren und schön bunt gefärbt waren, verkaufte Oma Rosel sie auf dem Markt. Das war immer ein gutes Geschäft, und Oma Rosel konnte das Geld gut gebrauchen.

So wie auch vor dem letzten Osterfest. Einige Tage war sie von morgens bis abends beschäftigt. Sie färbte die Eier mit viel Liebe. Die gekochten Eier kamen in Töpfe mit roter, blauer, gelber oder lila

Farbe. Anschließend rieb Oma Rosel sie mit einer Speckschwarte ein, damit sie schön glänzten. Ihre Ostereier waren sehr beliebt, wusste man schließlich, dass sie ganz frisch waren. Die Eier standen bei Oma Rosel bereit, alles war vorbereitet für den nächsten Markttag.

Doch am Tag zuvor geschah ein Unglück. Oma Rosel rutschte in der Küche aus und brach sich den rechten Arm. Auch das noch! Wie sollte sie nun zum Markt kommen? Wie sollte sie ihre Eier verkaufen?

Am nächsten Morgen klopfte es an der Tür. Es war Oma Rosels Nachbar Jupp. Er sah den Gipsarm, kratzte sich kurz am Kinn und meinte: „Rosel, ich fahre dich zum Markt. Dort verkaufen wir gemeinsam die Eier."

„Das ist lieb von dir, Jupp. Danke", sagte Oma Rosel froh. Am Mittag waren alle Eier verkauft. Die Geldmünzen klapperten in Oma Rosels Geldbeutel. Sie war glücklich.

„Danke, lieber Nachbar, es ist schön, so jemanden wie dich zu haben", sagte sie, und es war ehrlich gemeint.

„Wozu hat man Nachbarn? Dafür sind Nachbarn da, und Nachbarn können auch Freunde sein", sagte Jupp und hatte ganz rote Wangen bekommen.

Der Zauberer und der Schnee

Der alte Zauberer Cornelius war schon mehr als einhundertzwanzig Jahre alt. Er wusste sein Alter nicht so genau. Niemand wusste es. Der Zauberer wohnte in einem kleinen Haus, tief im Wald. Alle Tiere des Waldes waren seine Freunde. Cornelius half ihnen, wo er nur konnte. Er ließ Wünsche wahr werden, indem er zauberte. Mal waren es einige Nüsse zum Knabbern oder auch schon mal frisches Heu. Doch Cornelius war schon sehr alt und daher auch schon etwas vergesslich. So musste er immer wieder in seinem dicken Zauberbuch nachlesen, damit der Zauber auch gelang.

Nun ging es einmal langsam auf Weihnachten zu. In zwei Tagen würde Heiligabend sein. Doch der Zauberer kam nicht so recht in Weihnachtsstimmung. Sein Rabe auch nicht. Und auch alle Tiere im Wald wollten nicht in Weihnachtsstimmung kommen. Der Zauberer dachte über den Grund nach und kam zu einem Entschluss.

Er rief: „An Heiligabend sollte Schnee liegen. Ich will es schneien lassen."

Der Rabe stimmte ihm zu und auch die Tiere des Waldes. Aber wie war noch gleich der Zauberspruch für Schnee? Cornelius probierte sein Glück.

„Simsalamatt, Simslawatt, Simsalawatte." Im Nu schwebten unzählige Wattebäuschen durch die Luft. Sie blieben in den Bäumen hängen, oder der Wind blies sie weiter.

Der Rabe lachte und krächzte: „Krah, krah, schöner Schnee. Schnee aus Watte."

Der alte Zauberer überlegte, dann probierte er es erneut: „Simsalamuck, Simsalaruck, Simsalazuck."

Vom Himmel rieselte es Zucker. Süßer Zucker, viel Zucker, aber kein Schnee. Der Rabe lachte und meinte: „Krah, jetzt hast du genug Zucker für deinen Tee."

Der Zauberer Cornelius ging ins Haus. Er schlug das dicke Zauberbuch auf und las und las und las. Die ganze Nacht. Am nächsten Morgen ging er erneut vor die Tür. Er erhob seinen Zauberstab und rief: „Simsalakan, Simsaladis, Simsalakandis." Und was kam vom Himmel? Weißer Kandis prasselte hinab. Schnell ging er zurück ins Haus. Der Rabe lachte und lachte.

Dann rief der Zauberer: „Ich habe es!" Es war der Morgen von Heiligabend, als er vor die Tür trat. Es war noch ganz still im Wald.

Der Zauberer erhob seinen Zauberstab und sagte: „Simsalabim, Simsalasee, Simsalaschnee." Und dann schneite es. Dicke Schneeflocken fielen vom Himmel.

Sie legten sich wie eine weiße Decke über den Wald. Der Zauberer war zufrieden. Sofort kam er in eine feierliche Weihnachtsstimmung. Er ging ins Haus und schaute durch das Fenster glücklich den Schneeflocken zu. Jetzt konnte es Weihnachten werden. Fröhliche Weihnachten!

Rätsel

Im Winter steht er still und stumm,
dort draußen ganz in weiß herum.

(Schneemann)

Manchmal komm ich über Nacht,
fall vom Himmel leis und sacht,
Zäune, Dächer, Kirchturmspitzen,
bekommen weiße Zipfelmützen.

(der Schnee)

Weihnachten in Gesellschaft

Ein Mann lebte einmal ganz alleine in einem kleinen Haus am Stadtrand. Der Mann hieß Edwin, und er wollte zu Weihnachten nicht alleine sein. An Heiligabend, so dachte er, sollte niemand einsam sein. Verwandte, Freunde oder Bekannte hatte Edwin nicht. Wo also sollte er nette Gesellschaft herbekommen? Einen Tag vor Heiligabend kam ihm eine Idee. Sofort machte er sich auf den Weg. Auf den Weg ins Tierheim.

Dort angekommen, schaute er sich um. Er ließ sich Zeit und schaute sich in aller Ruhe die Tiere an. Die Hunde, die Katzen, die Meerschweinchen, die Vögel, und zum Schluss noch die Hasen. Die gefielen ihm. Die waren so niedlich. Edwin nahm gleich alle zehn Hasen mit nach Hause. Er freute sich, nun nicht mehr alleine zu sein.

Die Hasen liefen durch sein ganzes Haus. Sie setzten sich auf das Sofa, sie sprangen auf die Stühle, ja sogar auf den Küchentisch. Ein Häschen saß in der Badewanne, und ein Häschen hatte es sich in seinem Sessel gemütlich gemacht. Sie knabberten Edwins

Brot auf, sie nagten die Äpfel an und fraßen den Kopfsalat. Die zehn Häschen hoppelten, sprangen, purzelten, polterten und hüpften durch alle Zimmer. Es war ordentlich Leben im Haus. Und als Edwin am Abend in sein Bett wollte, lagen schon fünf Häschen darin und schliefen tief und fest. Edwin legte sich dazu und war glücklich. Er lachte zufrieden und sagte: „Fröhliche Weihnachten! Zum Glück sind wir nicht alleine."

Das Segelschiff

In folgender Geschichte ist ein Lied versteckt. Dieses Lied steht in der „Mundorgel“.

Ich bin gespannt, wer das Lied erraten kann. Die Geschichte heißt…

Einst, vor ganz vielen Jahren, war ein neues Segelschiff gebaut worden. Es war nicht ganz so groß, aber sehr schön. Dieses neue Segelschiffchen wartete auf seine erste Fahrt. Es wollte unbedingt zur See fahren. So geschah es eines schönen Tages, dass das neue Segelschiff samt seiner Besatzung zum ersten Mal ins Meer gelassen wurde. Die Männer jubelten vor Freude und sangen: „Ohe, ohe.“

Der Wind blies gut, und so hissten die Matrosen die Segel. Das Segelschiffchen segelte los, in die weite See hinein, bis kein Land mehr zu sehen war. Nach sechs Wochen ging den Matrosen der Proviant aus. Nun musste die ganze Besatzung hungern. Noch immer war kein Land in Sicht. Doch die Matrosen mussten immer wieder die Segel hissen, damit die Fahrt weiterging.

Der Hunger wurde immer größer. Da beschlossen die Matrosen, den jungen Moses zu essen. Und wie sie so beratschlagten, wie sie das am besten machen könnten, da flüchtete der junge Moses. Er kletterte den Großmast hinauf. Oben angekommen ,rief er so laut er konnte: „Ich sehe die Spitze einer Kirche, und die Glocke fängt gerade an zu läuten."

Ohe, ohe! Hissen müssen die Matrosen Segel in die Höh. Und schon segelten sie auf das Land zu.

Das war noch mal gut gegangen. Und die Matrosen sangen: „War einst ein kleines...."

(Hat jemand das Lied erraten?)

Lied

War einst ein kleines Segelschiffchen
war einst ein kleines Segelschiffchen,

das war noch nie, nie, nie, noch nie zur See,
das war noch nie, nie, nie, noch nie zur See.
Ohe, ohe
Hissen müssen die Matrosen Segel in die Höh.
Die Fregatte gleitet über See.

Es unternahm, 'ne lange Reise,
fuhr auf dem Mit- Mit- Mittelmeer zur See.

Der Proviant nach fünf, sechs Wochen
ging aus, so dass, dass, dass man hungerte.

Man warf das Los, um festzustellen,
wen man am be- be- besten schlachtete.

Das Los fiel auf den kleinen Moses.
Der hob gleich an, an, an mit Ach und Weh.

Die einen wünschten ihn zu braten,
die andern ihn, ihn, ihn als Frikassee.

Und wie sie noch darum berieten,
stieg er am Groß- Groß- Großmast in die Höh.

Von oben sah er auf die weite,
die dort so un- un- unbegrenzte See.

Zum Himmel seufzt er, ihn zu retten
vom sichern To- To- Todesschicksale.

Begab sich da ein groß Mirakel
wohl auf dem Mit- Mit- Mittelmeer zur See.

Es sprangen Fischlein in das Schiffchen,
tausend und a- a- abertausende.

Man fing sie, und man tat sie braten,
was unsern Mo- Mo- Moses rettete.

Küsschen, Küsschen, hoch die Tassen

Einmal in der Woche trafen sich die Damen zum Kaffeekränzchen. Genau gesagt sechs Damen, alle im gleichen Alter. Sie trafen sich an jedem Mittwochnachmittag um fünfzehn Uhr im Café am Marktplatz. Und das seit zehn Jahren. Man gönnte sich ja sonst nichts.

Doris, Hedwig, Elli, Maria, Anna und Gisela. Letztere war eine richtige Angeberin. Eigentlich waren alle Hausfrauen, doch Gisela meinte, etwas Besonderes zu sein. Ihr Mann hatte immer gut verdient, und sie konnte sich vieles leisten, was die anderen sich nie hätten kaufen können.

Nun war es wieder einmal Mittwochnachmittag. Punkt fünfzehn Uhr saßen alle Damen am Tisch im Café am Markt. Als erstes kamen der Kaffee und ein Kirschlikörchen. So wie immer, das war Tradition. Und dann folgte der Trinkspruch. Alle Damen erhoben ihr Likörglas und riefen: „Küsschen, Küsschen, hoch die Tassen.“ Dann kippten sie den Kirschlikör herunter und tranken einen Schluck Kaffee hinterher.

„Was gibt es Neues?“, fragte Doris in die Runde.

Gisela, die Angeberin, sagte sofort: „Wir bauen uns einen Swimmingpool.“

Ja, das war schon etwas Tolles, so einen Swimmingpool hatte keine der anderen Damen.

Hedwig meinte neidisch: „Na hoffentlich kannste auch schwimmen, sonst säufste ab.“

Die Angeberin sagte nichts. Wahrscheinlich konnte sie nicht schwimmen. So wechselte die Angeberin schnell das Thema. Sie streckte den Damen ihre linke Hand entgegen und meinte: „Ein Geschenk von meinem Mann.“ An ihrem Ringfinger funkelte ein Brillant. Oh! Jetzt schwiegen die anderen. Swimmingpool und Brillant, das war zu viel.

Als die Käsesahnetorte kam, mischte sich Maria ein.

Sie war wütend und sagte: „Du bist eine schreckliche Angeberin. Mach nur weiter so, Gisela, dann bist du uns bald los.“

Da schossen der Angeberin Gisela die Tränen in die Augen.

Sie weinte, als sie sagte: „Ich will euch nicht verlieren. Ihr seid doch meine Freundinnen. Wir bauen gar keinen Swimmingpool, und der Ring ist gar nicht echt. Ich wollte immer nur von euch beachtet werden.“

Da sagte Anna: „Unter richtigen Freundinnen braucht man nicht angeben. Jeder ist so, wie er ist. Mit oder ohne Geld. Geld spielt keine Rolle. Die Hauptsache ist, man ist befreundet und hält zueinander."

Die anderen stimmten zu, man war sich einig. Daraufhin bestellten sie noch Kirschlikör, prosteten sich zu und riefen: „Küsschen, Küsschen, hoch die Tassen."

Und alles war gut.

Die Birnen sind reif

Im Garten der Müllers stand ein Birnenbaum. In jedem Jahr trug er viele Früchte. Süße, saftige grüne Birnen. Frau Müller kochte sie gerne ein. Auf diese Weise hielten die Birnen lange, und man hatte den ganzen Winter etwas davon. Und nun war es wieder einmal so weit. Es war September, und der Birnenbaum trug viele reife Birnen.

Daher sagte Frau Müller schon früh am Morgen zu ihrem Mann: „Die Birnen sind reif. Sie müssen jetzt runter vom Baum. Am besten gleich heute Morgen."

„Oh, nein, es ist noch so früh", stöhnte Herr Müller.

„Der frühe Vogel fängt den Wurm", meinte Frau Müller, die gerne mal in Redewendungen sprach.

„Ich will gar keinen Wurm fangen, nur noch etwas liegen bleiben", sagte Herr Müller, der noch im Bett lag.

„Nichts da! Morgenstund hat Gold im Mund. Raus aus den Federn", sagte Frau Müller energisch. Knurrend erhob sich Herr Müller und schlurfte in die Küche. „Erst eine Tasse Kaffee", sagte er.

„Ohne Fleiß kein Preis. Nun mal ran an die Buletten", kommandierte Frau Müller.

„Mir bleibt auch nichts erspart“, seufzte Herr Müller. Dann holte er die Leiter. Frau Müller suchte im Schuppen die Körbe.

„Wo sind die Körbe?“, rief sie, weil sie die Körbe nicht fand.

„Keine Ahnung“, rief Herr Müller von seiner Leiter hinab.

„Ordnung ist das halbe Leben“, schimpfte Frau Müller. Dann fand sie die Körbe. Ruck zuck, war der erste Korb mit leckeren grünen Birnen gefüllt. Manche hatten von der Sonne schon rote Birnenbäckchen bekommen. Herr Müller lehnte sich an einen Ast, um einen Moment zu verschnaufen.

Das passte Frau Müller gar nicht. Sie rief: „Da wird ja der Hund in der Pfanne verrückt. Ausruhen kannst du später. Von nichts, kommt nichts.“

Sie schnappte sich den vollen Birnenkorb und trug ihn in Richtung Haus. Dabei übersah sie einen kleinen Erdhügel und geriet ins Stolpern. Der Korb fiel herunter, und die Birnen kullerten durch den Garten. Frau Müller schimpfte und zeterte.

Herr Müller grinste und rief: „Das kommt davon, wenn man immer meckert. Die Strafe folgt auf den Fuß.“

Schweigend sammelte Frau Müller die Birnen auf.

Sie dachte: Reden ist Silber, Schweigen ist Gold.

Lied

Spannenlanger Hansel, nudeldicke Dirn,
gehn wir in den Garten, schütteln wir die Birn'?
Schüttel ich die großen, schüttelst du die klein';
Wenn das Säckchen voll ist, gehn wir wieder heim.

Lauf doch nicht so närrisch, spannenlanger Hans!
Ich verlier die Birnen und die Schuh noch ganz.
Trägst ja nur die kleinen, nudeldicke Dirn,
und ich schlepp den schweren Sack voll großer Birn'.

Die Opernsängerin

Frau von Brede war Sängerin. Genau gesagt, Opernsängerin. Sie stand im Theater auf der Bühne und sang mit voller Stimme bekannte Arien aus Opern und Operetten, wie zum Beispiel aus den Stücken Der Vogelhändler, Das Land des Lächelns, Die Fledermaus, Der Vetter aus Dingsda, Tosca, Fidelio oder Carmen. Sie schmetterte, und alle Leute hörten gerne zu. Das Theater war immer gut besucht.

Doch eines Morgens bekam Frau von Brede keinen Ton heraus. Alle Versuche, ihre morgendlichen Tonübungen zu machen, scheiterten kläglich. Heraus kam nur ein Krächzen. Da war guter Rat teuer. In etwa zehn Stunden musste sie auf der Bühne stehen und singen. Tosca, eine Oper in drei Akten stand auf dem Plan.

Sie versuchte es mit einem Glas Wasser. Doch davon ging die Heiserkeit nicht weg. Sie krächzte immer noch. Dann lutschte sie ein Pfefferminzbonbon. Auch das vertrieb die Heiserkeit nicht. Oh, Schreck, eine Opernsängerin ohne Stimme! Nun trank sie einen heißen Tee. Schluck für Schluck. Der Tee half auch nicht. Frau von Brede blieb heiser und konnte keine Tonleiter singen.

Zwei Stunden waren inzwischen vergangen. Es blieben jetzt nur noch acht Stunden bis zum Auftritt. Langsam wurde Frau von Brede nervös. Leider waren am Sonntag die Apotheken zu. Ach ja, Honig. Sie hatte es noch nicht mit Honig probiert. Sie nahm einen Teelöffel voll Honig und lutschte ihn langsam. Die Heiserkeit aber blieb. Oh, nein! Als letztes versuchte sie es mit Lakritz. Das sollte helfen, hatte Frau von Brede mal gelesen. Sie stopfte sich eine Handvoll davon in den Mund. Sie kaute und lutschte. Die Heiserkeit blieb allerdings. Inzwischen waren schon vier Stunden vergangen. Wie sollte sie singen, wenn sie nur krächzten konnte? Jetzt wusste sie keinen Rat mehr. Nervös lief sie umher. Da klopfte es an der Tür. Es war ihr Nachbar, und der machte sich Sorgen.

„Ich habe heute keine Gesangsübungen gehört. Sind sie krank?“, fragte er besorgt.

Frau von Brede zeigte auf ihren Hals und krächzte: „Heiser.“

„Das haben wir gleich“, sagte der Nachbar und verschwand kurz. Zurück kam er mit Salbeitee. Den trank Frau von Brede nun ganz langsam aus. Er tat gut und war wie Balsam im Hals.

„Mimimimi, mamamama, mimimimi“, probte Frau von Brede. Die Opernsängerin hatte ihre Stimme zurück. Sie lud ihren Nachbarn ins Theater ein. Er bekam zum Dank einen Logenplatz.

Ja, eine Hand wäscht die andere. Wie gut, dass es so nette Nachbarn gibt.

Der große Regen im Wald

Es regnete und regnete, und es wollte nicht aufhören zu regnen. Die Tannen im Wald schüttelten sich und sagten: „Wer hätte das gedacht, heute Morgen war es noch so schön.“ Das Regenwasser lief von den Bäumen herab, auf die Sträucher, von dort lief das Wasser auf das Farnkraut und dann weiter auf das Moos. Kleine Bäche bildeten sich auf dem Waldboden.

Langsam wurde es Abend, und bald würde es dunkel sein. Eine Ameise war noch unterwegs. Sie musste aufpassen, dass das Regenwasser sie nicht wegspülte.

„Hätte ich doch nur meine Gummistiefel angezogen. Ach, und hätte ich doch nur einen Regenschirm dabei“, jammerte sie.

Und wie sie so lief, sah sie plötzlich einen großen Pilz. Der Pilz hatte ein schönes breites Dach.

„Hier kann ich mich unterstellen und die Nacht verbringen“, sagte die Ameise und kroch unter das Dach des Pilzes.

Nur wenig später kam eine Grille. „Höre liebe Ameise, hast du noch Platz für mich?“

„Ja, komm nur, hier ist es schön trocken“, sagte die Ameise zur Grille.

„Nett von dir. Ich war heute auf der Kirmes, und es ist spät geworden“, erzählte die Grille. Dann setzte sie sich zur Ameise. Und während sie sich unterhielten, kam ein Licht auf sie zu. Es war ein Glühwürmchen. Das Glühwürmchen sagte: „Bitte lasst mich bei euch übernachten. Ich habe mich leider verirrt.“

„Komm nur zu uns, dann sind wir zu dritt“, sagte die Ameise.

Durch das Licht des Glühwürmchens war der Käfer angelockt worden. „Habt ihr noch Platz für mich?“, fragte er.

„Komm nur zu uns, es ist noch Platz“, bot die Ameise an. Jetzt waren sie schon zu viert. Langsam wurde es eng. Der Regen platschte auf das Pilzdach und tropfte an den Seiten herunter. Es wollte immer noch nicht aufhören zu regnen. Da kam eine Schnecke gekrochen.

„Habt ihr noch ein wenig Platz?“, fragte sie.

„Wenn wir eng zusammenrücken, wird es schon gehen“, meinte die Ameise. Nun waren sie fünf. Zuerst erzählten sie sich Geschichten. Dann sangen sie gemeinsam ein Lied. Das klang dann so: „Summ, summ, summ, zirp, zirp, schnick, schnack, schneck, brumm, brumm“ und wer nicht singen konnte, klatschte. Das Lied war im ganzen Wald zu hören.

Inder Nacht, während sie schliefen, hörte es endlich auf zu regnen. So verabschiedeten sich die Tiere am nächsten Morgen. Doch die fünf kleinen Tiere wollten Freunde bleiben. So versprachen sie sich, sich bald einmal zu treffen. Spätestens beim nächsten Regen, hier unter dem Pilzdach.

Der brave Esel

Weit draußen vor der Stadt lebte einmal ein Mann.

Der Winter stand vor der Tür. Und weil der Mann noch mit Holz heizte, musste er jetzt gut vorsorgen. Schließlich wollte er im Winter nicht frieren. Der Mann besaß einen Esel und einen Karren. Der Esel hieß Graubart und zog den Karren, wenn der Mann Holz holen musste. Es war schon ordentlich kalt geworden, und ein kräftiger Wind blies über die Felder. Es wurde Zeit, Holz zu sammeln.

„Graubart, wir müssen in der Wald“, sagte der Mann. Er spannte seinen Esel vor den Karren und marschierte los. Der treue Esel trottete mit dem Karren hinterher.

„Wir brauchen Reisig und Gehölz“, meinte der Mann zu seinem Esel. Der Weg war holprig. Der Karren klapperte. Rechts war ein großer Wald. Der Mann sammelte alle Reisigzweige, die am Waldrand lagen. Auch dickere Äste waren dabei, die der Wind von den Bäumen geblasen hatte.

Der Karren war schon halb gefüllt, als der Esel plötzlich wie angewurzelt stehenblieb.

„Nur noch ein Stückchen, mein Guter“, sagte der Mann zu seinem Esel Graubart. Doch Graubart ging keinen Schritt weiter.

Er hob den Kopf, blickte umher und schrie: „Iah, iah.“

Da kamen plötzlich drei Wildschweine aus dem Gebüsch herausgestürmt. Drei borstige, schwarze Gesellen. Sie stürmten direkt auf den Mann zu. Der Mann bekam Angst und kletterte auf den Karren. Mit Wildschweinen ist nicht gut Kirschen essen, sie konnten sehr gefährlich werden. Das wusste der Mann. Die Wildschweine stießen mit ihrem Kopf gegen den Karren. Der Mann versuchte, sie mit einem Ast zu vertreiben. Doch das machte die drei Wildschweine nur noch wütender. Der Karren drohte umzukippen.

Da schrie der Esel aus Leibeskräften: „Iah, iah, iah.“ Und er trat mit seinen Vorderbeinen nach den borstigen Wildscheinen. Er hörte nicht eher auf, bis dass sie endlich verschwanden. Erschöpft stieg der Mann von seinem Karren.

Er streichelte den Esel und sagte: „Guter Graubart, was bist du doch für ein guter Esel. Du hast mir das Leben gerettet. Zu Hause bekommst du heute zum Dank ganz viele frische Möhren.“

„Iah“, schrie der Esel freudig, und dann liefen sie heim.

Männersport

„Rita, ich muss mich mehr bewegen, sonst roste ich ein. Ich glaube, ich müsste mal etwas Sport treiben“, sagte Willi gleich nachdem er aus dem Bett gestiegen war. Seine Frau Rita nickte verständnisvoll.
„Komm doch mit in meine Wassergymnastikgruppe“, bot sie ihm an.

„Oh nein, ich will kein Wasserballett, ich brauche einen richtigen Männersport. Fußball“, meinte Willi. Noch am gleichen Tag meldete sich Willi in einem „Alte Herren-Verein“ an. Für den kommenden Samstag war ein Fußballspiel geplant. Wadenbeinkicker 01 gegen Hexenschusskicker 05. Da wollte Willi gleich mit dabei sein.

In der Nacht zum Samstag hatte es kräftig geregnet. Das Fußballfeld war nass und schlammig. Dennoch standen sich die Mannschaften gegenüber. Egal wie, Tore mussten geschossen werden. Und Willi wollte mindestens ein Tor schießen.

Anpfiff. Der Ball wurde geschossen. Er flog und flog, er rollte und rollte, und Willi rannte hinterher. Bei jedem Schritt sank er tief in den Matsch auf dem

Fußballfeld ein. Dann blieb sein rechter Schuh im Matsch stecken. Doch Willi rannte weiter. Mit einem Schuh und auf einem Socken. Er kam dem Ball immer näher. Doch dann rutschte Willi aus.

Platsch, lag er auf dem nassen Rasen. Inzwischen hatte ein Gegenspieler den Ball erwischt. Der Gegenspieler schoss und schrie gleichzeitig auf. Hexenschuss. Er konnte sich nicht mehr bewegen. Oje! Er musste vom Platz getragen werden.

Willi war inzwischen wieder auf den Beinen. Er rannte dem Fußball hinterher. Der Zustand des Spielfeldes war katastrophal. Willi sank bis zu den Knöcheln im Matsch ein. Dann war auch sein linker Schuh weg. Willi rannte auf Socken weiter. Dabei sein ist alles! Und dann ... Willi schoss. Er trat den harten Lederball, nur mit den Socken an den Füßen.

Autsch! Der Ball flog und flog und war drin. „Tor, Tor!“, schrien alle.

Willi hatte ein Tor geschossen. Doch Willi saß im Gras. Er hielt sich den dicken Zeh. Der war gebrochen. Auch Willi musste nun vom Platz getragen werden. Doch er war glücklich und zufrieden. Er hatte ein Tor geschossen. Da nahm man doch gerne einen gebrochenen Zeh in Kauf. So ist das eben beim Männersport.

(Rategeschichte)

Wo ist das Piratenkostüm?

Es war Rosenmontag. Helau und Alaaf. Ernst-Hubert wollte mit seinem Freund zu dem Seniorenkarneval im Gemeindehaus. Er hatte sich zu diesem Zweck ein Piratenkostüm gekauft. Ernst-Hubert freute sich auf das Rosenmontagspektakel und hatte die große Hoffnung, dort eine nette Frau kennenzulernen. Musik, tanzen, schunkeln, singen und Polonaise, das war ganz nach seinem Geschmack.

Voller Vorfreude holte er sein Kostüm aus dem Schrank. Er würde prächtig aussehen als Pirat. Genau in diesem Moment klingelte es an der Wohnungstür. Ernst-Hubert lief ins Wohnzimmer und legte das Piratenkostüm auf die Rücklehne des Sofas. Dann eilte er zur Tür. Und während er ein Paket annahm, rutschte das Piratenkostüm von der Sofalehne herunter. Das Kostüm landete hinter dem Sofa, auf dem Fußboden. Schwupps, war es nicht mehr zu sehen. Da lag es nun, hinter dem Sofa.

Nach dem Mittagessen war es langsam Zeit, sich umzuziehen. Ernst-Hubert lief ins Schlafzimmer. Nanu? Wo war das Piratenkostüm? Er lief ins

Badezimmer und schaute sich um. Dort war auch kein Piratenkostüm. Er lief ins Wohnzimmer. Auch dort sah er kein Piratenkostüm

„Wo ist das Piratenkostüm? Es kann doch nicht einfach so verschwinden?“, staunte er und suchte weiter. Er suchte und suchte. Er schaute in alle Ecken und sah in alle Schränke. Wo war das Piratenkostüm?

(Wer weiß, wo das Piratenkostüm ist?)

Ein Besuch im Tierpark

Mit dem Auto lag zwanzig Minuten entfernt ein wunderschöner Tier- und Freizeitpark. Gleich schön für Kinder und Erwachsene. Für jeden war etwas dabei. Es gab sogar eine Modelleisenbahnanlage, Spur 0, also schön groß. Jede Menge Tiere gab es in diesem Tierpark zu bewundern. Es gab Pfauen, Erdmännchen, Fasanen, Schafe, Uhus und Äffchen. Totenkopfäffchen, die in einem großen Gehege lebten. Und in dieses Gehege konnte man hinein. Dann war man mitten unter den Äffchen. Das war etwas für Frau Falkenberg. Herr Falkenberg freute sich mehr auf die Vorführung der Modelleisenbahnanlage.

Es war ein schöner sonniger Frühlingstag, als Herr und Frau Falkenberg sich auf den Weg zum Tierpark machten. Für den ersten Hunger hatte Frau Falkenberg einige belegte Brote in der Handtasche. Das Eintrittsgeld war schnell bezahlt, pro Person sechs Euro. Also zwölf Euro. Das ging. Man bekam ja eine Menge zu sehen.

Ein kurzer Spaziergang, und sie waren am Affengehege. Die Äffchen turnten munter herum. Es waren ganz schön viele Totenkopfäffchen. Herr und Frau Falkenberg gingen hinein. Man musste durch zwei Sicherheitstüren. Kaum waren sie drin, kamen auch schon die ersten Äffchen herbeigesprungen. Und ehe Frau Falkenberg sich versah, saß eines dieser Äffchen auf ihrer Schulter. Und zack, kam ein zweites auf ihren Kopf gesprungen.

„Oh, uijuijui, ah“, rief sie erschrocken. Damit hatte sie nicht gerechnet. Ein drittes Äffchen kam herbei und klammerte sich an ihrem Arm fest. Blitzschnell griff der kleine Affe in ihre Handtasche und holte die Tüte mit den belegten Broten heraus. Schwupps, sprang er wieder fort, natürlich mit der Brottüte. Nun saß das Äffchen hoch oben in den Ästen. Es holte sich die Brote aus der Tüte und begann sie laut schmatzend aufzufressen.

„Oh, nein, unsere Brote!“, rief Frau Falkenberg.

„Füttern verboten. Das steht dort auf dem Schild“, meinte Herr Falkenberg lachend. Zu spät, das Äffchen war satt. Nun kamen aus allen Richtungen Affen gesprungen. Wohl in der Hoffnung, etwas in Frau Falkenbergs Handtasche zu finden. Die konnte gerade noch ihre Geldbörse retten. Dann wollte sie nur noch raus aus dem Affengehege. Sie wollte lieber in das Café. Ein Stück Kuchen und einen schönen, duftenden Kaffee, und das ganz in Ruhe und ohne Affen.

Was zu viel ist, ist eben zu viel!

Opa macht das schon

„Opa, darf ich heute bei dir schlafen?“, fragte die kleine Tina.

„Ja, das darfst du“, antwortete Opa.

„Bringst du mich morgen auch zum Kindergarten?

„Ja, das mache ich“, sagte Opa.

Opa Klaus freute sich. Er hatte es gerne, wenn seine Enkelin bei ihm zu Besuch war. Und bei Opa Klaus zu schlafen, war für die kleine Tina immer etwas Besonderes.

Am Abend gab es Apfelpfannenkuchen. Später gingen sie gemeinsam zu Bett. Dann erzählte Opa Klaus Geschichten oder las aus einem Bilderbuch vor.

Am nächsten Morgen kam dann Tinas Mama, um sie wieder abzuholen. Doch diesmal nicht. Opa Klaus hatte versprochen, Tina in den Kindergarten zu bringen. Aber das konnte ja nicht so schwer sein.

Um sieben Uhr am nächsten Morgen weckte Opa Klaus seine Enkelin. Aber die war noch so müde und wollte gar nicht aus den Federn.

„Aufstehen, waschen und Zähne putzen“, rief Opa Klaus immer wieder.

Endlich stand Tina vor dem Waschbecken. „Opa, du musst mir helfen. Ich kann das noch nicht alleine“, sagte sie.

Upps, damit hatte der Opa nicht gerechnet.

Doch er wollte es nicht zugeben und sagte: „Opa macht das schon.“

Umständlich wusch er die kleine Tina mit einem Waschlappen. „Die Mama fängt immer oben an und hört unten auf“, meinte Tina verwundert. „Mmh. Heute machen wir das mal so. Lass den Opa mal machen.“

Dann standen sie im Schlafzimmer und Tina sagte: „Anziehen kann ich mich auch noch nicht so gut.“

„Opa macht das schon“, sagte Opa Klaus und begann seine Enkelin anzukleiden. Dass er ihr zwei verschiedene Kniestrümpfe anzog, merkte er gar nicht. Den Pulli zog er der Kleinen verkehrt herum an. Also das Vorderteil nach hinten. Tina guckte etwas verdutzt. Opa Klaus fand, dass alles in Ordnung war. Inzwischen war er schon tüchtig am Schwitzen.

„Ich brauche noch ein Frühstücksbrot für den Kindergarten“, sagte seine Enkelin.

„Opa macht das schon“, sagte er.

Außer Atem kamen sie mit etwas Verspätung am Kindergarten an. Opa Klaus zog seiner Enkelin die Jacke aus und bekam einen Schreck. Pulli verkehrt herum, zwei verschiedene Kniestrümpfe. Was nun?

„Schade, dass heute kein Karneval ist", meinte er, „dann wärst du heute Pippi Langstrumpf." Die kleine Tina lachte und sagte: „ Dann tue ich eben so, als ob Karneval ist. Mach dir keine Sorgen, Opa. Tina macht das schon."

Schön, wenn sich ein Opa so gut mit seiner Enkelin versteht.

Sprichwörter zum Ergänzen

Wer Anderen eine Grube gräbt ...

... fällt selbst hinein

Durch Schaden wird ...

... man klug

Erst die Arbeit ...

... dann das Vergnügen

Der Apfel fällt nicht ...

... weit vom Stamm

Man soll den Tag nicht ...

... vor dem Abend loben

Ohne Fleiß ...

... kein Preis

Scherben bringen ...

... Glück

Wie gewonnen ...
... so zerronnen

Übung macht ...
... den Meister

Wer zu spät kommt ...
... den bestraft das Leben

Der Krug geht so lange zum Brunnen ...
... bis er bricht

Jeder ist seines Glückes ...
... Schmied

Lügen haben ...
... kurze Beine

Eine Schwalbe ...
... macht noch keinen Sommer

Wer nicht kommt zur rechten Zeit ...
... der muss nehmen was übrig bleibt

Wenn zwei sich streiten ...
... freut sich der Dritte

Rätsel

Erst weiß wie Schnee, dann grün wie Klee,
dann rot wie Blut. Schmeckt allen gut.

Kirsche

Ein rotes Männlein steht im Strauch,
hat viele Kernchen in seinem Bauch.
Ein schwarzes Hütchen trägt's auf dem Kopf
sag an, wie heißt der kleine Tropf?

Hagebutte

Ich kenn' ein kleines braunes Tier,
die Nüsse knackt es mit Begier.
Es klettert schnell von Ast zu Ast,
und wenn es springt, dann fliegt es fast.

Eichhörnchen

---

6 Seiten hab ich und 21 Augen,
und doch kann ich nicht sehn.
Kannst du's verstehn?

Würfel

Es rüttelt sich und schüttelt sich und
macht ein Häuflein unter sich.

Sieb

Sitzt einer auf dem Dach und raucht,
der weder Pfeif' noch Tabak braucht.

Schornstein

Bin ein kleiner Mann,
hab einen runden Kopf.
Streicht man mir den Kopf,
brennt mir gleich der Schopf.

Streichholz

Dort hängt es an der Wand,
das gibt mir jeden Morgen die Hand.

Handtuch

Es hat eine harte Schale,
der Kern schmeckt süß und fein.
Ihr knackt es alle gern.
Was mag das sein?

Nuss

Will man vieles von mir haben,
muss man mich zuerst begraben.
Samen

Er hat zwei rote Strümpfe an,
hat einen langen Schnabel.
Er hat einen schwarzweißen Anzug an,
stolziert so wie ein Edelmann.

Storch

Da steht sie und ist still und stumm,
doch kriegt sie Schläge macht's bumbum.

Trommel

Das wilde Tier zerreißt damit die Beute
und friedlich blüht es auf dem Rasen heute.

Löwenzahn

Ich kenn einen Peter, den kennt jeder,
doch gern hat ihn keiner.
Was ist das nur für einer?

Schwarzer Peter

Ich hab ein eigenes Schloss,
doch ist das ziemlich klein.
Es passt kein Gast, kein Hausgenoss'
zugleich mit mir hinein.

Schlüssel

Liedertexte

Alle Jahre wieder

Alle Jahre wieder kommt das Christuskind
Auf die Erde nieder, wo wir Menschen sind.

Kehrt mit seinem Segen ein in jedes Haus,
Geht auf allen Wegen mit uns ein und aus.

Steht auch mir zur Seite still und unerkannt,
Dass es treu mich leite an der lieben Hand.

Alle Vögel sind schon da

Alle Vögel sind schon da,
alle Vögel, alle!
Welch ein Singen, Musiziern,
Pfeifen, Zwitschern, Tiriliern!
Frühling will nun einmarschiern,
Kommt mit Sang und Schalle.

Wie sie alle lustig sind,
Flink und froh sich regen!
Amsel, Drossel, Fink und Star
Und die ganze Vogelschar
Wünschen dir ein frohes Jahr,
Lauter Heil und Segen.

Was sie uns verkünden nun
Nehmen wir zu Herzen:
Wir auch wollen lustig sein,
Lustig wie die Vögelein,
Hier und dort, Feld aus, Feld ein,
Singen, springen, scherzen.

Auf einem Baum ein Kuckuck

Auf einem Baum ein Kuckuck –
sim sa la dim bam ba sa la du sa la dim,
auf einem Baum ein Kuckuck saß.

Da kam ein junger Jäger –
sim sa la dim bam ba sa la du sa la dim,
da kam ein junger Jägersmann.

Der schoß den armen Kuckuck –
sim sa la dim bam ba sa la du sa la dim,
der schoß den armen Kuckuck tot.

Und als ein Jahr vergangen –
sim sa la dim bam ba sa la du sa la dim,
und als ein Jahr vergangen war.

Da war der Kuckuck wieder –
sim sa la dim bam ba sa la du sa la dim,
da war der Kuckuck wieder da!

Da freuten sich die Leute –
sim sa la dim bam ba sa la du sa la dim,
da freuten sich die Leute sehr.

Bruder Jakob, Bruder Jakob

Bruder Jakob, Bruder Jakob,
schläfst du noch? Schläfst du noch?
Hörst du nicht die Glocken?
Hörst du nicht die Glocken?
Ding dang dong, ding dang dong.

Der Mai ist gekommen

Der Mai ist gekommen, die Bäume schlagen aus.
Da bleibe, wer Lust hat, mit Sorgen zu Haus.
Wie die Wolken wandern am himmlischen Zelt,
So steht auch mir der Sinn in die weite, weite Welt.

Herr Vater, Frau Mutter, dass Gott euch behüt'!
Wer weiß, wo in der Ferne mein Glück mir noch blüht.
Es gibt so manche Straße, da nimmer ich marschiert;
Es gibt so manchen Wein, den ich nimmer noch probiert.

Frisch auf drum, frisch auf im hellen Sonnenstrahl,
Wohl über die Berge, wohl durch das tiefe Tal!
Die Quellen erklingen, die Bäume rauschen all –
Mein Herz ist wie 'ne Lerche und stimmet ein mit Schall.

Und abends im Städtchen, da kehr ich durstig ein:
Herr Wirt, mein Herr Wirt, eine Kanne blanken Wein!
Ergreife die Fiedel, du lustiger Spielmann du,
von meinem Schatz das Liedel das sing ich dazu.

Und find ich keine Herberg', so lieg' ich zur Nacht
wohl unter blauem Himmel, die Sterne halten Wacht.
im Winde die Linde, die rauscht mich ein gemach,
es küsset in der Früh' das Morgenrot mich wach.

O Wandern, o Wandern, Du freie Burschenlust!
Da wehet Gottes Odem so frisch in die Brust;
Da singet und jauchzet das Herz zum Himmelszelt:
Wie bist du doch so schön, o du weite, weite Welt!

Der Mond ist aufgegangen

Der Mond ist aufgegangen,
Die goldnen Sternlein prangen
Am Himmel hell und klar;
Der Wald steht schwarz und schweiget,
Und aus den Wiesen steiget
Der weiße Nebel wunderbar.

Wie ist die Welt so stille
Und in der Dämmrung Hülle
So traulich und so hold,
Als eine stille Kammer,
Wo ihr des Tages Jammer
Verschlafen und vergessen sollt.

Seht ihr den Mond dort stehen?
Er ist nur halb zu sehen,
Und ist doch rund und schön!
So sind wohl manche Sachen,
Die wir getrost belachen,
Weil unsre Augen sie nicht sehn.

Wir stolze Menschenkinder
Sind eitel arme Sünder
Und wissen gar nicht viel;
Wir spinnen Luftgespinste

Und suchen viele Künste
Und kommen weiter von dem Ziel.

Gott, lass uns dein Heil schauen,
Auf nichts Vergänglichs trauen,
Nicht Eitelkeit uns freun;
Lass uns einfältig werden
Und vor Dir hier auf Erden
Wie Kinder fromm und fröhlich sein!

Wollst endlich sonder Grämen
Aus dieser Welt uns nehmen
Durch einen sanften Tod;
Und wenn Du uns genommen,
Lass uns in' Himmel kommen,
Du unser Herr und unser Gott!

So legt euch denn, ihr Brüder,
In Gottes Namen nieder;
Kalt ist der Abendhauch.
Verschon uns, Gott, mit Strafen
Und lass uns ruhig schlafen.
Und unsern kranken Nachbar auch!

Es klappert die Mühle

Es klappert die Mühle am rauschenden Bach:
Klipp klapp.
Bei Tag und bei Nacht ist der Müller stets wach:
Klipp klapp.
Er mahlet das Korn zu dem kräftigen Brot,
und haben wir dieses, so hat's keine Not.
Klipp klapp, klipp klapp, klipp klapp!

Flink laufen die Räder und drehen den Stein:
Klipp klapp!
Und mahlen den Weizen zu Mehl uns so fein:
Klipp klapp!
Der Bäcker dann Zwieback und Kuchen draus bäckt,
der immer den Kindern besonders gut schmeckt.
Klipp klapp, klipp klapp, klipp klapp!

Wenn reichliche Körner das Ackerfeld trägt:
Klipp klapp!
Die Mühle dann flink ihre Räder bewegt:
Klipp klapp!
Und schenkt uns der Himmel nur immerdar Brot,
so sind wir geborgen und leiden nicht Not.
Klipp klapp, klipp klapp, klipp klapp!

Hab mein Wage vollgelade

Hab mein Wage vollgelade,
voll mit alten Weibsen.
Als wir in die Stadt ’neinkamen,
hubn sie an zu keifen.
Drum lad ich all mein Lebetage
nie alte Weibsen auf mein Wage.
Hü, Schimmel, hü!

Hab mein Wage vollgelade,
voll mit Männern alten.
Als wir in die Stadt ’neinkamen,
murrten sie und schalten.
Drum lad ich all mein Lebetage
nie alte Männer auf mein Wage,
Hü, Schimmel, hü!

Hab mein Wage vollgelade,
voll mit jungen Mädchen.
Als wir zu dem Tor neinkamen,
sangen sie durchs Städtchen.
Drum lad ich all mein Lebetage
nur junge Mädchen auf mein Wage.
Hü, Schimmel, hü!

Horch, was kommt von draußen rein

Horch, was kommt von draußen rein? Hollahi, Hollaho!
Wird wohl mein Feinsliebchen sein, Hollahijaho!
Geht vorbei und schaut nicht rein? Hollahi, Hollaho!
Wird's wohl nicht gewesen sein, Hollahijaho!

D' Leute haben's oft gesagt, Hollahi, Hollaho!
Daß ich kein fein's Liebchen hab, Hollahijaho!
Laß sie red'n, ich schweig' fein still, Hollahi Hollaho!
Kann doch lieben, wen ich will, Hollahijaho!

Leutchen, sagt mir's ganz gewiss, Hollahi, Hollaho!
Was das für ein Lieben ist, Hollahijaho!
Die man will, die kriegt man nicht, Hollahi, Hollaho!
Und 'ne andre will ich nicht, Hollahijaho!

Wenn mein Liebchen Hochzeit hat, Hollahi, Hollaho!
Hab ich meinen Trauertag, Hollahijaho!
Gehe in mein Kämmerlein, Hollahi, Hollaho!
Trage meinen Schmerz allein, Hollahijaho!

Wenn ich dann gestorben bin, Hollahi, Hollaho!
Trägt man mich zum Grabe hin, Hollahijaho!
Setzt mir einen Leichenstein, Hollahi, Hollaho!
Blühn bald da Vergissnichtmein, Hollahijaho!

Kommt ein Vogel geflogen

Kommt ein Vogel geflogen,
setzt sich nieder auf mein' Fuß,
hat ein Zettel im Schnabel,
von der Mutter ein' Gruß.

Ach, so fern ist die Heimat,
und so fremd bin ich hier;
und es fragt hier kein Bruder,
keine Schwester nach mir.

Hab mich allweil vertröstet
auf die Sommerzeit;
und der Sommer ist kommen,
und ich bin noch so weit.

Lieber Vogel, flieg' weiter,
nimm ein' Gruß mit und ein' Kuss,
denn ich kann dich nicht begleiten,
weil ich hier bleiben muss.

Kuckuck, Kuckuck ruft's aus dem Wald

Kuckuck, Kuckuck ruft's aus dem Wald.
Lasset uns singen, tanzen und springen.
Frühling, Frühling wird es nun bald.

Kuckuck, Kuckuck lässt nicht sein Schrei'n:
Komm in die Felder, Wiesen und Wälder.
Frühling, Frühling, stelle dich ein.

Kuckuck, Kuckuck, trefflicher Held.
Was du gesungen, ist dir gelungen.
Winter, Winter räumet das Feld.

O Tannenbaum, o Tannenbaum

O Tannenbaum, o Tannenbaum,
Wie grün sind deine Blätter!
Du grünst nicht nur zur Sommerzeit,
Nein auch im Winter wenn es schneit.
O Tannenbaum, o Tannenbaum,
Wie grün sind deine Blätter!

O Tannenbaum, o Tannenbaum,
Du kannst mir sehr gefallen!
Wie oft hat nicht zur Weihnachtszeit
Ein Baum von dir mich hoch erfreut!
O Tannenbaum, o Tannenbaum,
Du kannst mir sehr gefallen!

O Tannenbaum, o Tannenbaum,
Dein Kleid will mich was lehren:
Die Hoffnung und Beständigkeit
Gibt Trost und Kraft zu jeder Zeit.
O Tannenbaum, o Tannenbaum,
Dein Kleid will mich was lehren.

Schneeflöckchen, Weißröckchen

Schneeflöckchen, Weißröckchen,
wann kommst du geschneit?
Du wohnst in den Wolken,
dein Weg ist so weit.

Komm, setz dich ans Fenster,
du lieblicher Stern,
malst Blumen und Blätter,
wir haben dich gern.

Schneeflöckchen, du deckst uns
die Blümelein zu,
dann schlafen sie sicher
in himmlischer Ruh.

Schneeflöckchen, Weißröckchen,
komm zu uns ins Tal,
dann bau'n wir den Schneemann
und werfen den Ball.